SPANNUNG & WISSEN!

EISZEIT

Von einer Eiszeit sprechen wir, wenn die Temperaturen auf der Erde fallen und über einen langen Zeitraum niedrig bleiben und die Polkappen sich ausbreiten. Es hat bereits eine Reihe von Eiszeiten gegeben. Normalerweise ist mit „Eiszeit" die Kälteperiode gemeint, die vor etwa 2,5 Millionen Jahren begann und vor etwas 10000 Jahren endete.

WIE SAH ES DAMALS AUS?

Bei „Eiszeit" denken wir an Schnee und Eis, an Kälte und an zottelige Tiere, die ausgestorben sind. Tatsächlich bedeckten zeitweilig riesige Eisschilde die Erdoberfläche. Zu anderen Zeiten war das Klima jedoch mild, und das Eis zog sich nach Norden zurück; die Temperaturen stiegen, bevor es erneut kalt wurde.

WIE ENTSTAND DIE EISZEIT?

Die Erde wird von der Sonne erwärmt. Jede Veränderung im Umlauf der Erde um die Sonne kann die Temperaturen stark beeinflussen. Manchmal ist die Achse, um die die Erde rotiert, stärker gegenüber ihrer Bahn um die Sonne geneigt, manchmal weniger. Je nachdem erwärmt sich dadurch die Erde stärker, oder aber sie kühlt ab. Während der letzten Eiszeit war die Nordhalbkugel vermutlich weiter von der Sonne abgewandt als heute, wodurch es in unseren Breiten kühler wurde.

WO SIND SIE HIN?

Das Ende der Eiszeit war doppelt bemerkenswert: Es wurde deutlich wärmer, und viele Tierarten starben aus. Wir wissen nicht genau, warum. Möglich ist, dass sie von den Menschen zu stark bejagt wurden. Vielleicht vertrugen sie die Wärme nicht. Vielleicht kamen sie mit der veränderten Pflanzenwelt nicht zurecht.

Manche Wissenschaftler meinen, dass wir noch immer in der Eiszeit leben, allerdings in einem der wärmeren Abschnitte.

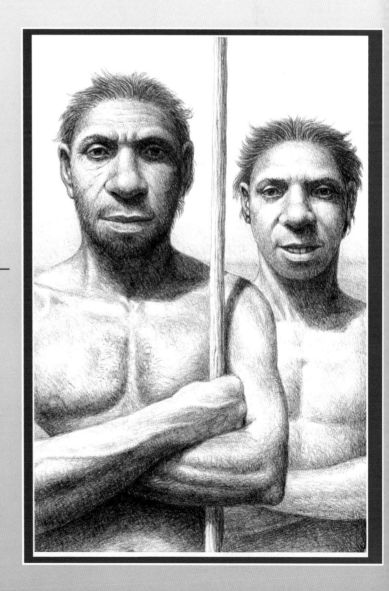

DER MENSCH ERSCHEINT

Während der Eiszeit erscheint auch der Mensch. Auf der Nordhalbkugel tritt zuerst *Homo heidelbergensis* (von dem zuerst in Heidelberg Überreste gefunden wurden) auf. Später folgt der Neanderthaler (dessen Überreste man zuerst im Neandertal bei Düsseldorf entdeckte). Warum ist der Mensch, anders als viele Tiere, nicht ausgestorben? Er wusste sich anzupassen, arbeitete im Team, stellte Werkzeuge her und entwickelte eine Sprache. Vermutlich sind viele Tierarten nicht ausgestorben, sondern wir Menschen haben sie ausgerottet.

HAARIGE BIESTER

I n kalter Umgebung zieht man sich am besten warm an. Das taten auch viele Tiere während der letzten Eiszeit. Sie legten sich ein dichtes, zotteliges Fell zu, mit dem sie der Kälte trotzten.

ÖHRCHEN

Das *Mastodon* sieht einem Mammut sehr ähnlich, es handelst sich jedoch um eine ganz andere Tierart. Es besaß stärkere Stoßzähne und andere Backenzähne, denn statt Gras fraß es Laub. Wie das Mammut hatte es sehr kleine Ohren, was den Wärmeverlust gering hielt. Man sollte auch so wenig von seinem Körper wie möglich der Kälte aussetzen.

WÜTEND

Über ganz Europa verbreitet war das Wollnashorn. Dieses zweihörnige Untier war nahe mit dem heutigen Sumatranashorn verwandt. Mit etwa 3,5 Metern Länge war es gewiss sehr eindrucksvoll, aber nicht im Vergleich zu einem anderen Nashorn der Eiszeit, das auf dem Gebiet des heutigen Russlands lebte und zweimal so groß war. Nashörner sind bekanntlich meist übel gelaunt; diesem Tier ging man also besser aus dem Weg.

GUT ANGEPASST

Unter den Tieren der Eiszeit war der Moschusochse durch sein langes, dichtes Fell besonders gut an die kalte Umgebung angepasst. Seine heute lebenden, um einen halben Meter kleineren Verwandten stehen unter Schutz, nachdem sie durch die Jagd fast ausgerottet wurden.

Mammuts besaßen Hautlappen, mit denen Sie die kalte Luft von ihrem Hinterteil fernhielten.

SCHNEEPFLUG

Wenn von der Eiszeit die Rede ist, denken wir vor allem an ein bestimmtes Tier: das Wollhaarmammut. Tatsächlich gab es mehrere Mammut-Arten, und nicht alle trugen ein zotteliges Fell. Ein Merkmal, das allen Mammuts gemeinsam war, stellen die riesigen, spiralförmigen Stoßzähne dar. Man nimmt an, dass die Tiere mit ihren Stoßzähnen den Schnee beiseite räumten, um das darunterliegende Gras zu fressen. Sie waren gleichsam behaarte Schneepflüge.

KILLER AUS DER KÄLTE

Schon seit Urzeiten gibt es Tiere, die andere Tiere fressen – selbstverständlich auch während der Eiszeit. Die damals lebenden Fleischfresser ähnelten den heutigen weitgehend, sie waren nur größer.

DER KILLER MIT DEN DOLCHEN

Der berühmteste Fleischfresser der Eiszeit war *Smilodon*, der Säbelzahntiger. Er war kein Vorfahr der heutigen Tiger, aber so groß wie heute lebende Großkatzen und viel stämmiger. Diese riesigen Fangzähne sehen wirklich gefährlich aus; damit konnte *Smilodon* das Fell eines Beutetiers durchbohren, aber keine Knochen zermalmen. Säbelzahntiger konnten deshalb ihre Beute nicht aufbrechen, um alles Fleisch zu fressen; andernfalls hätten sie riskiert, ihre wertvollen Fangzähne zu beschädigen.

KAHL

Der mächtigste Löwe, der je auf der Erde lebte, machte sich im eiszeitlichen Europa über Pflanzenfresser ebenso wie über arglose Fleischfresser her. Der sogenannte Höhlenlöwe war ungefähr 3 Meter lang und damit deutlich größer als heutige Löwen. Allerdings besaßen Höhlenlöwen keine Mähne – umso merkwürdiger, als Haare doch gut gegen die Kälte sind!

KURZ UND LANG

Der größte Fleischfresser der Eiszeit war *Arctodus*, der Kurznasenbär. Seine Schnauze war kürzer war als bei heutigen Bären, doch in jeder anderen Hinsicht war er riesig. Wenn er sich auf die Hinterbeine stellte, hatte er eine Größe von über 3 Metern – größer noch als der größte Bär heute, der Eisbär. Aber war er ein „Killer"? Nicht ausschließen lässt sich, dass er ein Aasfresser war und sogar Beeren zu sich nahm. Solche Nahrung verschmähen auch die Bären heute nicht.

Das größte Landraubtier war der einem Wolf ähnelnde Adrewsarchus, der in der in der heutige Mongolei lebte und etwa 5 Meter lang wurde.

UMZINGELT

Ein verbreiteter Jäger der Eiszeit war *Canis dirus*, den heutigen Wölfen – die nicht von ihm abstammen – ähnlich, jedoch etwas größer. Es war wohl ein schwacher Trost für mögliche Beutetiere, dass er kürzere Beine hatte als die jetzt lebenden Wölfe und vermutlich langsamer lief. Dafür jagte er nämlich im Rudel, so dass kaum ein Entkommen war. Außerdem besaß er sehr große Zähne.

EINFACH RIESIG

Zu den Merkmal der Eiszeit gehört, dass viele Tierarten deutlich größer als heute waren. Tiere mit einem Gewicht über 44 Kilogramm rechnet man zur sogenannten Megafauna (den Ausdruck könnte man mit „Großtierwelt" übersetzen).

SUPERFAUL

Heutige Faultiere sind träge wirkende Tiere, die so wenig wie möglich tun und fast den ganzen Tag an Bäumen hängen. Sie sind nicht eigentlich faul; wenn sie sich nicht bewegen, werden sie nicht so leicht von Räubern entdeckt. In der Eiszeit waren einige Faultiere durch ihre schiere Größe vor Angreifern sicher. Am gewaltigsten war *Megatherium:* etwa 6 Meter lang und so schwer wie ein Elefant. Dieser Riese konnte natürlich nicht auf Bäumen leben; aber wer ihn angriff, lernte seine kräftigen Arme mit den scharfen Krallen kennen.

RIESENHOLZFÄLLER

Tiere, die uns heute recht klein erscheinen, wurden während der Eiszeit oftmals sehr groß. Der Biber beispielsweise erreichte die Größe eines Bären. Wie groß waren wohl die Bäume, die er mit den Zähnen fällen konnte!

HÜPF, HÜPF ...

Megafauna gab es auf der ganzen Welt. In Australien lebte *Procoptodon,* ein riesiges Beuteltier. Es war ungefähr doppelt so groß wie die heutigen Kängurus, hatte jedoch eine kürzere Schnauze. Doch mit ihm war nicht zu spaßen: An beiden Füßen besaß es eine große Kralle!

Glyptodon war eine Art Gürteltier von der Größe eines Kleinwagens!

IRISCHER RIESE

Den heutigen männlichen Hirschen wächst alljährlich ein Geweih. Je größer das Geweih, desto besser sind ihre Chancen, sich fortzupflanzen. Doch selbst die größten hätten gegenüber dem Kopfschmuck des *Megaloceros,* auch als Irischer Elch bezeichnet, armselig gewirkt. Seine Geweihstangen konnten 3,5 Meter lang werden, das Tier selbst erreichte 2 Meter Schulterhöhe und war damit der größte Hirsch aller Zeiten. Sein Fleisch muss gut geschmeckt haben, denn es scheint, dass er vor 7500 Jahren ausgerottet wurde.

NICHT UNGEWÖHNLICH

Weil das Klima während der Eiszeit so oft zwischen warm und kalt wechselte, konnten sich die auf ein- und demselben Gebiet lebenden Tierarten im Laufe der Zeit stark verändern. Diese ständigen Veränderungen führten mitunter zu erstaunlichen Ergebnissen.

DEN BUCKEL RUNTER

Kamele vermutet man für gewöhnlich in Gegenden, wo es trocken und sandig ist. Doch bis vor etwa 11 000 Jahren lebten sie auch in Amerika. Die gefundenen Überreste lassen vermuten, dass diese ausgestorbene Kamel ähnlich aussah wie das heutige Zweihöckrige Kamel oder Trampeltier *(Camelus bactrianus)*. Vielleicht besaß es überhaupt keine Höcker.

AHOI, IHR DA DRÜBEN!

Lange nahm man an, das Pferd sei erst von den Spaniern nach Amerika eingeführt worden. Das ist nur teilweise richtig: Als Kolumbus Amerika 1492 entdeckte, gab es auf dem Kontinent keine Pferde mehr, und die Mustangs stammen von entlaufenen Pferden ab. Allerdings hatten dort bis vor der letzten Eiszeit Pferde gelebt. Sie wanderten über die Beringstraße nach Asien; alle noch in Amerika lebenden Pferdearten sind vor 10 000 Jahren ausgestorben.

WIE IN AFRIKA

Sieht man Elefanten wandern
und ein Flusspferd im Wasser,
dann befindet man sich ziemlich
sicher in Afrika – außer, man lebt
in der Eiszeit. Dann könnte man
auch in London sein! Vor über
120 000 Jahren wäre es ein
alltäglicher Anblick in weiten
Teilen Englands gewesen. Zum
Glück gibt es heute keine
Flusspferde in der Themse.

In den USA lebte
Miracinonyx, eine
Art Gepard. Es war
vermutlich das
schnellste Raubtier
weit und breit.

MINI-MAMMUT

Viele Tiere der Eiszeit waren größer als ihre
modernen Verwandten, einige waren jedoch
kleiner. Eine kleinere Mammut-Art lebte auf
dem Gebiet der heutigen Santa-Barbara-Inseln
(vor der Küste des südlichen Kaliforniens). Mit
einer Schulterhöhe von 170 cm war sie kleiner
als die meisten erwachsenen Menschen heute.
Noch andere Tierarten hatten Zwergwuchs.
Offenbar passen Tiere sich in der
Größe an ihren Lebensraum an;
auf kleine Inseln passen
besser kleine Tiere.

MENSCHENLEBEN

D ass unsere Vorfahren geistig beschränkt waren ist ein Vorurteil. Unter einem Höhlenbewohner stellen wir uns einen grunzenden Keulenschwinger in Tierfellen vor. Doch die Menschen der Eiszeit waren viel intelligenter; sie haben schließlich überlebt.

AUSGEMUSTERT ODER AUSGEROTTET?

Die Neanderthaler waren ein Zweig der menschlichen Familie und an das Leben während der Eiszeit gut angepasst. Mit ihrer stämmigen Gestalt konnten sie der Kälte standhalten. Heute weiß man, dass sie nicht nur sehr kräftig, sondern auch durchaus intelligent waren. Dennoch starben sie vor etwa 28 000 Jahren aus. Früher wurde angenommen, der Neanderthaler sei mit dem wärmer gewordenen Klima nicht zurechtgekommen; heute hält man es für möglich, dass sein Konkurrent, *Homo sapiens*, ihn ausgerottet hat.

GEWONNEN!

Gegen Ende der Eiszeit erschien unser direkter Vorfahr, *Homo sapiens* („der vernunftbegabte Mensch"). Im Vergleich zu den Neanderthalern waren unsere Vorfahren größer und schlanker und hatten längere Gliedmaßen. Sie konnten sich auf dem vom Eis befreiten Boden besser bewegen. Sie stellten bessere Werkzeuge und Waffen her; später betrieben sie auch Landwirtschaft. Vermutlich hat diese vielseitige Begabung uns Menschen so lange überleben lassen.

WANDALEN?

Die Menschen der Eiszeit hatten eine Gewohnheit, die den Wissenschaftlern von heute sehr nützlich ist: Sie schmückten die Wände ihrer Höhlen mit Malereien. Oft sind es Jagdszenen und Tierbilder. Diese Kunstwerke sind von unschätzbarem Wert, denn sie geben uns Hinweise darauf, wie die Menschen damals lebten und wie sie die Welt sahen. Die Graffiti an unseren Hauswänden schätzen wir weniger.

Manche Wissenschaftler nehmen an, dass wir von nur 10 000 Menschen der Art Homo sapiens abstammen.

AUSGEROTTET

Lange glaubte man, unsere Vorfahren hätten Tiere wie das Mammut ausgerottet. In der Tat haben die Menschen der Eiszeit diese Tiere gejagt: Beispielsweise trieben sie die Beutetiere auf Abhänge zu, von denen sie hinabstürzten, oder sie fingen sie in Fallgruben. Doch die Menschen allein sind nicht für das Ende dieser Tiere verantwortlich, heute sucht man die Ursache eher im Klimawandel.

WOHER GEWUSST?

Wissenschaftler machen sich ein Bild von der Vergangenheit anhand der Überreste der jeweiligen Zeit. Aus der Eiszeit hat sich vieles erhalten, und so wissen wir viel darüber, wie Menschen und Tiere damals gelebt haben.

ZURÜCK VON DEN TOTEN

Einige Mammut-Überreste sind so gut erhalten, dass Wissenschaftler an die Möglichkeit glauben, Mammuts sozusagen von den Toten aufzuerwecken. Dazu würde man Erbgut aus den Körperzellen dieser Mammuts mit dem Erbgut ihres nächsten Verwandten, des Indischen Elefanten, kombinieren, diese Arten also kreuzen. Dies wäre aber wohl schwer zu verwirklichen – und vielleicht gar nicht wünschenswert.

Wir wissen, was Mammuts fraßen, weil man in den Mägen gefrorener Mammuts die Überreste ihrer Mahlzeiten gefunden hat.

KLEBRIGES ENDE

Asphalt ist ein natürlich vorkommender Stoff und klebrig wie Teer. In Rancho La Brea in den USA liegen große Asphalt-Tümpel, in denen über Hunderttausende von Jahren Tiere versunken sind. Deren Knochen sind weder verwest, noch wurden sie zerstreut. Deshalb sind die in La Brea gefundenen Fossilien bestens erhalten. Und es sind Tausende, darunter die von Wölfen, Mammuts und Säbelzahntigern.

GUT ERHALTEN

Stell Dir vor, Du gehst spazieren und triffst auf ein Mammut! Genau dass kann passieren, wenn Du in der russischen Tundra umherstreifst. Selbstverständlich sind die dort gefundenen Mammuts nicht mehr am Leben; jedoch sind einige von ihnen vollständig erhalten. In der Tundra ist es ja kalt, und der große Vorteil der Kälte ist, dass sie, wie eine Kühltruhe, alles konserviert. Allerdings wirst Du wohl kaum Tiere der Eiszeit in der Kühltruhe vorfinden.

KLIMAANZEIGER

In Europa und Amerika liegen Höhlen, in denen sowohl Menschen als auch Tiere gelebt haben. Oft liefern sie wertvolle Erkenntnisse über das Leben damals. Denn außer Knochen – zumeist Überreste von Mahlzeiten – findet man dort auch Blütenpollen. Anhand der Pollen weiß man, welche Pflanzen zur jeweiligen Zeit wuchsen, und daraus schließt man auf das Klima.

Premio ist ein Imprint der Arcturus Publishing Limited, London,
und der Premio Verlag GmbH, Münster

Copyright © Arcturus Publishing Limited
26/27 Bickels Yard, 151–153 Bermondsey Street, London SE1 3HA

Autor: Paul Harrison
Herausgeber: Fiona Tulloch

Printed in China 2007

ISBN: 978-3-86706-041-7

www.premio-verlag.de

Bildnachweis:
AKG: Seite 12, unten links; Seite 13, unten rechts.
Corbis: Seite 2, unten links; Seite 5, oben und unten; Seite 12, oben
rechts.
FLPA: Seite 10, oben rechts.
Getty Images: Seite 6; Seite 11, unten.
Natural History Museum: Seite 9, unten links.
Rex Features: Seite 2, oben rechts; Seite 13, oben rechts; Seite 14,
unten links.
Science Photo Library: Seite 3, unten rechts; Seite 4, oben und
unten; Seite 8.
Abbildung auf Seite 7 mit freundlicher Genehmigung von Indiana
State Museum and Historic Sites. Abbildung auf Seite 15 mit
freundlicher Genehmigung von Shropshire County Museum Service.

3-D-Bilder von Pinsharp 3D Graphics